DETEKTIV IM ALTEN GRIECHENLAND

TOD IM THEATER

EIN RÄTSELKRIMI

DETEKTIV IM ALTEN GRIECHENLAND

TOD IM THEATER

TEXT VON PHILIP ARDAGH
ILLUSTRATIONEN VON COLIN KING

EIN RÄTSELKRIMI

arsEdition

In der gleichen Reihe erschienen:

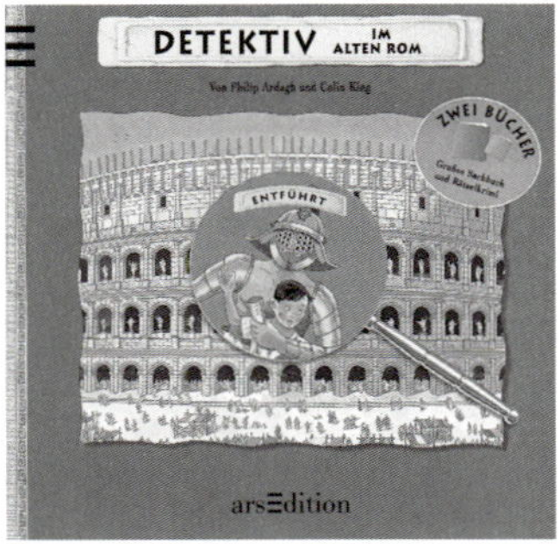

Detektiv im Alten Rom
ISBN 3-7607-4718-3

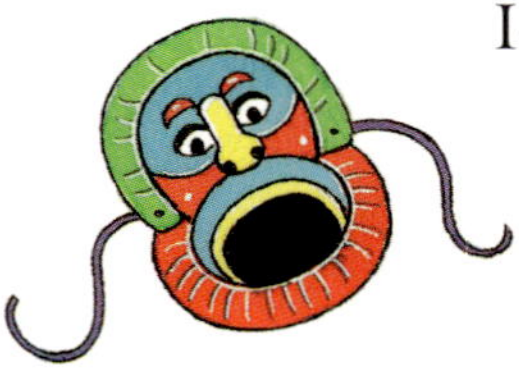

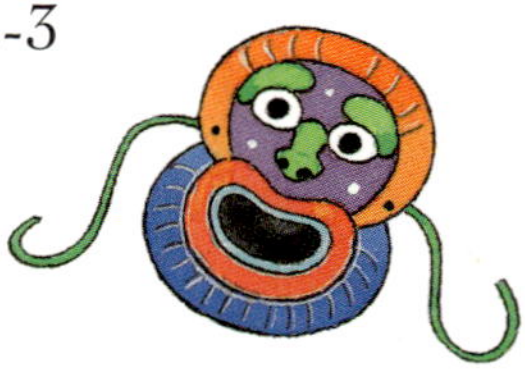

ZU DIESEM BUCH

Zur Unterstützung der Detektivarbeit werden im Verlauf der Geschichte immer wieder Fragen gestellt, die du mithilfe des großen Sachbuchs über die Griechen beantworten kannst. Schlage es einfach auf der von der Lupe eingerahmten Seite auf.

Als Beispiel: 12 bedeutet, dass du die Antwort auf S. 12 des großen Sachbuchs findest.

Für jede richtige Antwort erhältst du Punkte. Deine Punktezahl erfährst du, wenn du deine Antworten mit den Lösungen auf den Seiten 26 bis 29 vergleichst.

Um herauszufinden, was im Theater der Narren wirklich geschehen ist, genügt es allerdings nicht, nur die Fragen zu beantworten. Du musst auch im Text und vor allem in den Illustrationen nach Hinweisen suchen.

Am Ende der Geschichte solltest du wissen, wer nichts Gutes im Schilde führt und warum. Auf den Seiten 30 bis 32 kannst du dann nachsehen, ob du richtig liegst. Für die Lösung des Falls gibt es 20 Extrapunkte.

Zähle alle deine Punkte zusammen, um herauszufinden, ob du ein guter Detektiv bist; den Punktespiegel findest du auf der letzten Seite. Viel Glück!

DEIN AUFTRAG

WILLKOMMEN IM ANTIKEN GRIECHISCHEN STADTSTAAT ATHEN! IM THEATER DER NARREN IN EINER KLEINEN STADT NAHE ATHEN PASSIEREN SELTSAME DINGE. LANGSAM FRAGEN SCHAUSPIELER UND CHOR SICH, OB DAS WIRKLICH ALLES UNFÄLLE WAREN. SIND BÖSE MÄCHTE IM SPIEL ODER VERSUCHT JEMAND, UNRUHE ZU STIFTEN? UND WENN JA, WARUM?

DEINE AUFGABE BESTEHT DARIN, ES HERAUSZUFINDEN.

DEINE ANWEISUNGEN ERHÄLTST DU VON HAEMON, DEM LEITER DES THEATERS.

DIE HAUPTPERSONEN

HAEMON
Leiter des Theaters der Narren

SELENE
eine musizierende Hetäre

DOLIUS
Haemons rechte Hand

MYRTILUS
ein vielseitiger Schauspieler

GYAS
Hauptdarsteller (mit gebrochenem Bein)

ALOPE
Gyas' Tochter

PONTUS
Schauspieler und Gyas' zweite Besetzung

DER SPARTANER
offizieller Ermittler

DU ERHÄLTST EINEN AUFTRAG

Haemon, der Leiter des Theaters, hat dich zu einem Treffen auf die *agora* bestellt. »Morgen früh fängst du an«, sagt er, während er sich einen Apfel kauft. »Am Theater werden alle denken, du wärst der neue Bühnenarbeiter. Deshalb hilfst du mit den Masken und Requisiten und malst den Hintergrund. Sie sollen nicht merken, dass du herumschnüffelst.«

»Wonach schnüffle ich eigentlich?«, fragst du.

»Nach allem und jedem«, antwortet er.

»Bisher hatten wir einen Brand hinter der Bühne ...

Gyas – mein bester Schauspieler – brach sich ein Bein ...

... und gewisse Dinge verschwanden.«

»Warum würde jemand im Theater für Aufregung sorgen wollen?«, fragst du.

Haemon zuckt die Schultern. »Wer weiß? Unsere Stücke sollen Frieden stiften, nicht Unruhe. Du musst es herausfinden.«

»Ich werde mein Bestes tun«, versicherst du ihm.

»Wir sehen uns morgen im Theater. Vergiss nicht, wir tun, als sähen wir uns zum ersten Mal. Du wirst dich Belus nennen.« Kaum hat er es gesagt, eilt er schon davon. Du bleibst an einem Fischstand stehen.

Dabei hörst du, wie eine Passantin zur anderen sagt: »Siehst du den Mann? Er heißt Haemon und war einer der besten Schauspieler Athens. Jetzt leitet er das Theater der Narren.«

»Wo der arme Gyas arbeitet?«, erwidert die andere. »Der könnte Äskulaps Beistand gut gebrauchen.«

Was meint sie damit? 18

Am nächsten Morgen kommst du in aller Frühe zum Theater. Ein Mädchen kehrt das *orchestra,* den Platz vor der Bühne. Sie begrüßt dich. »Du musst der neue Bühnenarbeiter sein.« Du nickst. »Ich heiße Belus«, sagst du und verwendest den Namen, den Haemon dir nannte.

»Ich heiße Alope«, sagt das Mädchen. »Ich arbeite hier nicht richtig, ich helfe nur gerne aus. Mein Vater ist Gyas, der Schauspieler. Hast du schon von ihm gehört?«

Du nickst zum zweiten Mal. Alope sieht plötzlich traurig aus. »Er hat sich ein Bein gebrochen ... Alle hier haben in letzter Zeit viel Pech gehabt.«

»Das ist, weil die Götter zornig sind«, murmelt ein alter Mann mit strengem Gesicht. »Bist du Belus?«

»Ja, Herr«, antwortest du nervös.

»Schon mal im Theater gearbeitet?« Du schüttelst den Kopf.

»Weißt du, was eine *ekkyklema* ist?«, fragt er weiter. Du denkst angestrengt nach.

Was ist es? 27

Du antwortest ihm.

»Es wird schon gehen mit dir«, sagt der Mann. »Haemon hat hier das Sagen und ich bin ihm unterstellt. Alle anderen unterstehen mir. Verstanden? Mein Name ist Dolius. Folge mir jetzt.«

»Viel Glück an deinem ersten Tag!« Alope lächelt dir zu.

Während der nächsten Stunden hält Dolius dich auf Trab. Du musst praktisch alles machen, was kein anderer tun will. Dabei findest du auf dem Boden so etwas wie eine Münze.

»Damit kannst du dir nicht viel kaufen«, meint Alope lachend.

Wenn es keine Münze ist, was ist es dann? 21

Es ist spät am Nachmittag, kurz vor einer Vorstellung. Haemon läuft an dir vorbei und tut, als kenne er dich nicht. »Hört alle zu«, sagt er. »Ich habe schlechte Neuigkeiten. Pontus, der seit Gyas' Beinbruch die Hauptrolle spielt, ist noch nicht da.« Die Schauspieler sind sichtlich überrascht. »Deshalb werde ich heute die Hauptrolle spielen.«

»Das kannst du nicht!«, protestiert Dolius. »Du hast seit Jahren nicht mehr gespielt!« – »Aber es muss sein«, erwidert Haemon. »Die Vorstellung muss stattfinden!«

Die Schauspieler gehen mutlos auf ihre Plätze. Du schaust hinter der Bühne vor und siehst, dass alles besetzt ist. In der vordersten Reihe sitzen Mitglieder der Volksversammlung, alles angesehene Bürger Athens.

Soeben hat der Chor begonnen zu singen. Haemon setzt seine Maske auf und geht auf die Bühne. Das Stück hat angefangen. Du schleichst dich hinter die Bühne, um aufzupassen, ob dir etwas Verdächtiges auffällt. Selene, eine Musikerin, steht an einem komplizierten System von Flaschenzügen und hält ein Seil in der Hand. Du fragst dich, wozu das System dient.

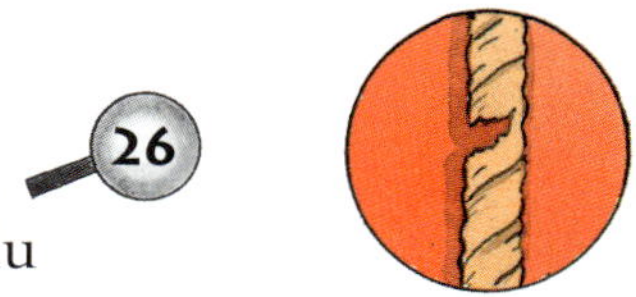

Selene entfernt sich wieder und du prüfst das Seil. Es ist halb durchgeschnitten! Offenbar wurde da ein weiterer mysteriöser »Unfall« vorbereitet. Während du noch nachdenkst, ertönt ein schrecklicher Schrei, und auch das Publikum schreit erschrocken auf. Du läufst schnell zur Vorderseite der Bühne. Dort liegt Haemon blutend am Boden. Ein Messer steckt tief in seinem Körper.

»Ich bin verloren!«, stöhnt er, als man ihm die Maske abnimmt.

Es ist unglaublich! Haemon ist tot! Der einzige Mensch, der weiß, dass du kein Bühnenarbeiter, sondern ein Detektiv bist, ist tot!

»Wie entsetzlich!«, sagt Pontus, der endlich aufgekreuzt ist. »Wäre ich nicht durch die *amphidromia* meines Sohnes aufgehalten worden, wäre ich jetzt der Tote.«

Was ist eine *amphidromia*? 36

»Mir tut Myrtilus Leid«, sagt Selene. »Er ist es, der Haemon getötet hat. Was für ein furchtbarer Unfall!«

Du lässt dir erklären, was im Stück gespielt wird: Haemons Figur, der Friedensstifter, wird von dem Bösewicht, den Myrtilus spielt, erstochen. Der Schauspieler sollte ein Theatermesser benutzen, dessen Klinge aus Wachs ist und bei Kontakt mit dem Körper weich wird, sodass es so aussieht, als dringe sie in den Körper ein.

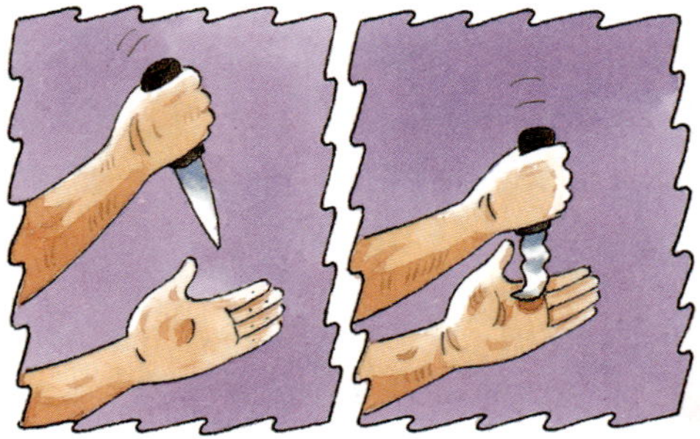

»Und ich dachte, dass ich dieses Messer in der Hand hatte«, jammert Myrtilus. »Es sah genauso aus wie das mit der Wachsklinge.«

»Das ist das Ende von diesem Stück, sage ich euch! Es wird keine Vorstellungen mehr geben«, schreit Dolius. »Ich bleibe keinen Moment länger – der Zorn der Götter ist über uns gekommen!«

»Niemand geht, bevor ich es ihm erlaube«, dröhnt eine tiefe Stimme. Ihr alle dreht euch um und seht einen großen Mann am Rand der Bühne stehen.

»Wer bist du, dass du uns Befehle erteilst?«, fragt Selene.

»Sie nennen mich den Spartaner«, sagt der Mann. »Ich wurde von den anwesenden Mitgliedern der Volksversammlung mit den Ermittlungen beauftragt.«

»Und wie glaubst du, helfen zu können, Spartaner?«, fragt Pontus. Das letzte Wort hat er wie eine Beleidigung ausgespuckt. Warum ist er dem Spartaner feindlich gesonnen?

20

DER ERMITTLER BEI DER ARBEIT

Nachdem die entsetzten Zuschauer das Theater verlassen haben, befiehlt der Spartaner euch alle auf die Bühne. Die schluchzende Alope hält die Hand von Gyas umklammert.

»Wer gab dir das Messer, bevor du auf die Bühne gingst?«, fragt der Spartaner Myrtilus.

»Niemand«, erwidert der Schauspieler. »Es lag auf dem gleichen Tisch wie immer.«

»Also könnte jeder das Messer mit der Wachsklinge gegen ein richtiges ausgetauscht haben«, sagt der Spartaner und sieht sich prüfend in der Runde um.

»Ich nicht«, widerspricht Pontus. »Ich kam erst, als Myrtilus schon auf der Bühne war.«

»Wer würde Haemon überhaupt etwas Böses antun wollen?«, fragt Selene. »Wenn das Theater der Narren schließen muss, verlieren wir doch alle unsere Arbeit. Es muss eine Verwechslung gewesen sein.«

»Arbeit oder nicht Arbeit, ich sage alle Aufführungen ab«, verkündet Dolius. »Nun, da Haemon ... von uns gegangen ist, habe ich das Sagen, und ich sage, dass die Götter dieses Theater verflucht haben!«

»Das kannst du nicht tun!«, ruft Gyas wütend. »Du weißt, dass Haemon immer sagte, dass die Vorstellung stattfinden muss ...«

»Ruhe!«, gebietet der Spartaner. »Ich werde euch der Reihe nach verhören.«

»Befrage doch den neuen Bühnenarbeiter«, sagt Myrtilus und zeigt auf dich. »Du bist nicht das, was du zu sein vorgibst! Ich habe dich am *kyklos* mit Haemon zusammenstehen sehen.« Sofort sehen dich alle an. Der *kyklos*? Wo war das?

32

Du bestehst darauf, mit dem Spartaner unter vier Augen zu sprechen. Er ist einverstanden. Du erklärst ihm, wer du wirklich bist und was du am Theater tun solltest.

»Sehr interessant«, entgegnet der Spartaner, »aber der Einzige, der das bestätigen kann, ist tot.«

»Vielleicht kann ich nicht beweisen, dass mich Haemon angeheuert hat«, sagst du, »aber ich kann beweisen, dass ich ab und an Ermittlungen durchführe.« Und du nennst ihm die Namen einiger zufriedener Kunden.

»In Ordnung«, sagt der Spartaner. »Ich werde das überprüfen. Tue erst mal weiterhin so, als seiest du Belus, der Bühnenarbeiter. Und ab jetzt berichtest du alles, was du herausfindest, mir.«

Du erzählst ihm gleich, dass du Selene an dem Seil gesehen hast, das halb durchgeschnitten war.

Dann kehrst du zu den Theaterleuten zurück, setzt dich an den Tisch, an dem sie essen und trinken, und beobachtest sie.

»Wie lange will er uns hier festhalten?«, fragt Selene. »Ich soll dabei helfen, das Kleid der Athene für die Großen Panathenäen zu nähen.« Von welchem Kleid spricht sie? 16

»Armer Haemon«, seufzt Dolius. »Bald wird er über den Styx fahren.« Was meint er damit? 15

»Ein Grund mehr, das Theater geöffnet zu lassen, alter Mann«, meint Pontus. »Zur Erinnerung an ihn.«

»Ich bin nicht sicher, ob ich je wieder spielen will«, sagt Myrtilus, der immer noch zittert. Er sieht dich wieder misstrauisch an. Alope füllt den Becher ihres Vaters mit Wein. Er nimmt einen Schluck und spuckt ihn wieder aus. »Gift!«, schreit er.

Alle sind erschrocken. Alope schaut in den Weinkrug. Etwas liegt auf seinem Boden. Sie greift hinein und zieht die Überreste des Wachsmessers heraus. Der Spartaner kommt an den Tisch. »Da also hat der Schuldige das Wachsmesser nach dem Tausch versteckt.«

»Glaubst du, dass Haemon ermordet wurde?«, stößt Pontus hervor.

»Ja.« Der Spartaner nickt. »Aber ich denke, dass du das Opfer sein solltest, Pontus. Die Messer wurden vertauscht, aber eigentlich solltest du die Rolle spielen.«

»Dass heißt, dass ich jetzt eigentlich tot sein müsste?«

Der Spartaner nickt wieder. »Einer von euch will dieses Theater ruinieren.« Er wendet sich an Selene. »Komm mit, ich muss dir einige Fragen stellen.«

»Ich brauche Schutz«, schreit Pontus und klammert sich an den Spartaner. »Ich habe eine Frau und einen drei Wochen alten Sohn. Wenn mir etwas passieren würde ...«

»Reiß dich zusammen!«, warnt Dolius ihn. »Du solltest den Göttern danken, dass dein Leben verschont blieb.«

»Das werde ich sogleich tun!«, verkündet Pontus. »Und niemand wird mich daran hindern!«

Er stürmt davon.

Der Spartaner sieht dich an und gibt dir ein Zeichen, Pontus zu folgen. Du heftest dich ihm an die Fersen. Er schlägt in die Richtung eines Tempels ein, zweigt dann aber ab und verschwindet in einem runden Gebäude.

Was ist es? 20

Wenig später kommt er mit einem Soldaten wieder heraus. »Haemon ist tot?«, fragt der Soldat. »Das ändert alles. Sei bei Sonnenuntergang bei den Propyläen!« Du beschließt, ebenfalls zu der Verabredung zu kommen.

Wo sind die Propyläen? 17

ES WIRD SPANNEND

Stunden später, auf dem Weg zur *akropolis*, erblickst du zwei bekannte Gesichter: Selene, die Musikerin, und Myrtilus, den Schauspieler.

»Ich bin sicher, dass mich dieser neugierige Belus verdächtigt. Ich stand neben dem halb durchgeschnittenen Seil«, sagt sie.

»Der Spartaner ist es, den wir fürchten müssen«, erwidert Myrtilus. »Wenn er denkt, dass ich die Messer absichtlich vertauscht habe, bin ich verloren.«

»Pscht!«, zischt Selene. »Der Mann mit dem *himation* ist einer der *strategoi*!« Welcher Mann? Was ist ein *himation*? Und wer sind die *strategoi*?

34

22

Du gehst zu den Propyläen weiter und tatsächlich steht dort Pontus hinter einer Säule. Der Mann mit dem Hut wirft seinen Umhang ab. Es ist der Soldat, der Pontus herbestellte.

»Was nun?«, fragt der Schauspieler.

»Wer tötete Haemon?«, fragt der Soldat.

»Myrtilus erstach ihn«, antwortet Pontus.

»Myrtilus ist ein Mörder?« Der Soldat ist entsetzt.

»Niemand ermordete Haemon«, seufzt Pontus.

»Du auch nicht?«, fragt der Soldat. »Ich weiß, dass ich dir befahl, dafür zu sorgen, dass das Stück ...«

»Still!«, unterbricht Pontus. »Jemand belauscht uns!« Du glaubst dich entdeckt, aber es ist Gyas' Tochter Alope, die aus dem Schatten gezerrt wird.

»Kleine Spione wie du können in große Schwierigkeiten geraten«, schnauzt der Soldat sie an.

Alope versucht sich zu befreien. »Ich habe alles gehört!«, sagt sie zu Pontus. »Du wolltest um jeden Preis, dass nicht mehr gespielt wird! Du bist schuld daran, dass sich mein Vater das Bein gebrochen hat. Du hast Feuer gelegt und Haemon ermordet!«

»Das ist Gyas' Tochter«, sagt Pontus. »Alles läuft schief!«

Der Soldat lässt Alope nicht los.

»Wenn du glaubst, dass das, was du gehörst hast, wahr ist, dann glaube auch, dass Pontus Haemon nicht getötet hat.«

»Mörder!«, schreit Alope und windet sich.

»Halt sie bloß fest!«, sagt Pontus. »Sie hat schon bei den *heraia* gewonnen.« Was bedeutet das? 25

Irgendwie gelingt es Alope trotzdem zu entkommen. Sie verlässt rennend die *akropolis*. Pontus will hinterher.

»Lass sie laufen«, sagt der Soldat. »Was kann sie schon gegen uns machen? Das Stück wird nicht mehr aufgeführt. Deine Arbeit ist getan. Aber sag mir, weißt du, wer die Messer vertauscht hat?«

Pontus antwortet nicht, übergibt dem Soldaten aber eine Papyrusrolle. »Mein Bericht«, sagt er. »Und jetzt muss ich fort.« Die beiden trennen sich.

Du beschließt dem Soldaten zu folgen und läufst geradewegs in Gyas hinein, dessen Krücke in hohem Bogen davonfliegt.

»Dummkopf!«, schimpft er. »Pass doch auf, wo du ...«

Aber du hörst nicht hin. Du siehst, dass der Soldat mit dem Papyrus an einen Nagel gekommen ist, an dem ein Stück der Botschaft hängen blieb. Du entschuldigst dich bei Gyas und schnappst dir den Fetzen Papyrus. Was ist eine *kithara*?

29

»Ich war auch fleißig«, sagte der Spartaner, nachdem du ihm alles berichtet hast. »Ich habe das Messer identifiziert, das gegen das mit der Wachsklinge ausgetauscht wurde. Es gehörte nicht dem Mörder. Sie bewahren es hinter der Bühne auf, für den Fall, dass sie etwas schneiden müssen. Eine kalte Spur, fürchte ich.«

Nicht unbedingt ... Du fragst dich, ob auch noch jemand anderer als Myrtilus auf der Bühne die Messer verwechselt haben könnte.

»Jedenfalls weiß ich jetzt, warum gewisse Leute – wie der *strategos*, mit dem sich Pontus getroffen hat – nicht wollen, dass das Stück aufgeführt wird«, fährt der Spartaner fort. »Manche Athener finden, dass es allzu heftig für die Freundschaft mit uns Spartanern wirbt. Aber ist das Anlass genug für einen Mord? Ich denke, Pontus ist an den angeblichen Unfällen schuld. Aber Mord?«

Du gibst ihm deine Liste der Verdächtigen. »Ich glaube, ich weiß, wer Haemon tötete«, sagst du. »Im Theater der Narren sind die Dinge nicht die, die sie zu sein scheinen.«

TOD IM THEATER DER NARREN

VERDÄCHTIGE:

Dolius – die Niedergeschlagenheit in Person. Allzu eifrig bemüht, das Theater zu schließen.

Gyas – Könnte er das gebrochene Bein vortäuschen?

Pontus – verdächtig; aber tötete er Haemon?

Selene – stand neben dem angeschnittenen Seil des Flaschenzugs.

Myrtilus – Er erstach Haemon. Sollte er ein kaltblütiger Mörder sein?

Alope – ???

WER VON IHNEN ERMORDETE HAEMON?

Seil damit, dann kam S
auf der Suche nach
kithara und musste schnell
denken und legte das echte Messer
unten, wo das Wachs

Vergleiche deine Antworten mit den Lösungen auf den Seiten 30–32.

ANTWORTEN UND PUNKTEZAHL

Bei jeder Antwort steht die Punktezahl, die du dir zurechnen kannst, wenn du die richtige Antwort herausgefunden hast (aber nicht schummeln!). Wenn du erraten hast, wer für Haemons Tod verantwortlich ist, gibts Extrapunkte.

SEITEN 6/7

- Die beiden Frauen müssen von Gyas' Bein gehört haben. Äskulap ist der Gott der Heilkunst.

5 Punkte

SEITEN 8/9

- Eine *ekkyklema* ist eine Art Bett, auf dem die »getöteten« Personen auf die Bühne gerollt werden.

5 Punkte

- Das ist eine Scheibe, die Geschworene abgeben, wenn sie den Angeklagten für unschuldig halten.

5 Punkte

SEITEN 10/11

• Die Flaschenzüge gehören zu dem Kran, an dem Schauspieler aufgehängt werden, wenn sie »fliegen« sollen.

5 Punkte

SEITEN 12/13

• *amphidromia* wird die Namensgebung eines zehn Tage alten Säuglings genannt.

6 Punkte

• Spartaner sind Bewohner von Sparta, einem Stadtstaat, der häufig gegen Athen Krieg führt. Wir wissen, dass das Theater der Narren vor Athen liegt; es könnte gut sein, dass einige Schauspieler die Spartaner als naturgewollte Feinde ansehen.

6 Punkte

SEITEN 14/15

• *kyklos* heißt die Plattform auf der *agora*, auf der Sklaven verkauft werden. Myrtilus muss am vorigen Tag Zeuge des Treffens zwischen dir und Haemon gewesen sein.

6 Punkte

SEITEN 16/17

• Das Kleid der Athene ist riesig und wird wie ein Segel an eine Schiffsattrappe gehängt, die die Athener beim Großen Fest der Panathenäen zur Akropolis hinauftragen.

5 Punkte

• In der Vorstellung der alten Griechen führt die Reise der Seele in die Unterwelt über den Fluss Styx.

5 Punkte

SEITEN 18/19

• Das runde Gebäude ist der *tholos*, in dem sich Ratsmitglieder treffen.

5 Punkte

• Die Propyläen sind der Eingang zur *akropolis*.

6 Punkte

SEITEN 20/21

• Der *himation* ist ein Umhang, dessen Ende über die Schulter geworfen wird, ähnlich wie bei einer römischen Toga. Nur die Person mit dem Hut trägt hier einen *himation*.

5 Punkte

• *strategoi* sind die Generäle des Athener Heers (in der Einzahl *strategos*).

6 Punkte

SEITEN 22/23

• *heraia* waren Sportveranstaltungen für Frauen und Mädchen. Sie bestanden aus drei Läufen. Wenn Alope dort einmal Siegerin war, muss sie eine schnelle Läuferin sein.

5 Punkte

• Eine *kithara* ist ein Saiteninstrument.

5 Punkte

WICHTIGE MITTEILUNG FÜR DETEKTIVE

Zähle deine Punktezahl zusammen, bevor du zur Lösung des Mords an Haemon umblätterst.

Gib dir zusätzliche **10 Punkte**, wenn du auf die richtige Person getippt hast.

Mit **20 Punkten** wird belohnt, wer den Mörder anhand der Hinweise erkannt hat.

Es gibt auch Hinweise dafür, dass es Pontus war, der das Messer mit der Wachsklinge in den Weinkrug fallen ließ. Wenn wir den Weinkrug zum ersten Mal sehen, steckt ein roter Stöpsel darin, damit der Wein frisch bleibt (S. 12). Später steht der Krug noch an der gleichen Stelle, hat aber keinen Stöpsel mehr (S. 13). Der Gegenstand, den Pontus auf der Bühne in der Hand hält, ist genau dieser Stöpsel (S. 14).

Auch das Gespräch, das Alope und du an den Propyläen mithören konntet, ist sehr wichtig (S. 21 und 22). Es legt nicht nur den Schluss nahe, dass Pontus für die »Unfälle« am Theater verantwortlich ist, sondern auch, dass er Haemon nicht ermordet hat. Tatsächlich geht er so weit zu sagen: »Niemand ermordete Haemon.« Wie aber kann er das wissen?

Weil es wirklich ein Unfall war. Der Teil von Pontus' Bericht, der an einem Nagel hängen blieb (S. 23), hilft das Rätsel zu lösen. Darin heißt es, jemand »kam« und »auf der Suche nach *kithara* und« [Loch im Papier] »musste schnell denken und legte das echte Messer unten, wo das Wachs«. Eine *kithara* ist das Instrument, das Selene im Arm hielt, als du sie neben den Seilen gesehen hast.

Folgendes also ist geschehen: Pontus schlich sich verkleidet hinter die Bühne, um das Seil des Krans durchzuschneiden. Er schnappte sich dazu ein herumliegendes Messer und merkte erst, als die Klinge brach, dass es das Wachsmesser war. Er fand ein anderes Messer und schnitt das Seil an. Dann hörte er Selene kommen. Um nicht mit dem Messer in der Hand erwischt zu werden, legte er es schnell auf den Tisch, auf dem das Messer mit der Wachsklinge gelegen hatte.

Myrtilus nahm das echte Messer und stach damit auf Haemon ein, im Glauben, das harmlose Messer mit der Wachsklinge in der Hand zu halten. Pontus ist tatsächlich am Tod von Haemon schuld, hatte aber keinen Mord geplant. Es war also kein Mord, sondern der einzige wirkliche Unfall am Theater der Narren.

DIE AUFLÖSUNG

Mehrere Schauspieler am Theater der Narren haben sich verdächtig verhalten. Du sahst Selene am angeschnittenen Seil (S. 11), und ihre Unterhaltung auf der Straße zur *akropolis* mit Myrtilus war sehr interessant (S. 20). Aber es gibt keine Anhaltspunkte dafür, dass sie das Seil manipuliert hat und in der Unterhaltung könnte es auch nur um ihre Angst vor einer falschen Beschuldigung gegangen sein.

Pontus, die zweite Besetzung für Gyas' Rolle, zeigt das seltsamste Benehmen. Sein von dir belauschtes Gespräch mit dem *strategos* (S. 23) beweist, dass er sich darum bemüht, dass das Stück abgesetzt wird – aus Gründen, die der Spartaner umreißt (S. 24). Aber ist das Grund genug, um Haemon zu töten?

Pontus erklärt seine Verspätung damit, dass er bei der *amphidromia* seines Sohnes war – der Namensgebung, die zehn Tage nach der Geburt des Kindes erfolgt (S. 12). Später aber erzählt er dem Spartaner, sein Sohn sei drei Wochen alt (S. 19). In diesem Fall müsste die *amphidromia* bereits vor elf Tagen stattgefunden haben.

Außerdem sagt er zu dem Spartaner, dass er erst gekommen sei, nachdem Myrtilus mit dem Messer auf die Bühne ging; deshalb könne er nicht derjenige sein, der das Theatermesser mit dem richtigen vertauschte. Doch Pontus ist der maskierte Mann, der schon hinter Myrtilus stand, bevor das Stück angefangen hatte (S. 10).

Zwar ist sein Gesicht hinter der Maske verborgen, aber sein Armreif verrät ihn. Er sieht genauso aus wie der, den er später die ganze Zeit über trägt. Außerdem trägt er, als er maskiert hinter Haemon steht, den gleichen Umhang wie später an den Propyläen (S. 21 und 22).

AUSWERTUNG

ZWISCHEN 90 UND 100 PUNKTEN

Wahnsinn! Du bist wirklich der beste aller Detektive. Du hast nicht nur alle Hinweise erkannt, sondern aus ihnen auch die richtigen Schlüsse gezogen. Gute Arbeit!

ZWISCHEN 75 UND 89 PUNKTEN

Ausgezeichnet! Du hast das Zeug zum Detektiv. Du hast es verstanden, die richtigen Spuren zu verfolgen.

ZWISCHEN 60 UND 74 PUNKTEN

Nicht schlecht! Du musst zwar noch einiges lernen, aber du weißt schon, wie man einen vertrackten Fall wie diesen anzugehen hat.

ZWISCHEN 50 UND 59 PUNKTEN

Gut, das war nicht gerade herausragend, aber du bist immerhin schon auf dem richtigen Weg. Weiter üben!

WENIGER ALS 50 PUNKTE

Na ja! Aber es ist noch kein Meister vom Himmel gefallen. Wie wärs mit dem Besuch einer geeigneten Detektivschule?

BIST DU EIN GUTER DETEKTIV? KANNST DU DEN FALL LÖSEN?

Im Theater der Narren stimmt irgendetwas nicht. Immer wieder geschehen mysteriöse Unfälle. Du wirst gebeten, unter falscher Identität zu ermitteln. Und dann wird tatsächlich jemand getötet ...

Folge den Spuren der Verdächtigen. Die Antworten auf die Fragen findest du im großen Sachbuch über die Griechen. Den Fall aber kannst du nur lösen, wenn du ein guter und aufmerksamer Detektiv bist. Viel Glück!

Ist er wirklich verletzt?

Hat sie etwas zu verbergen?

Will er das Theater schließen?

Kann sie helfen?

arsEdition